Jules-Émile Planchon

Les plantes carnivores

Science

ISBN : 978-1544190686

10 9 8 7 6 5 4 3 2 1

Jules-Émile Planchon

Les plantes carnivores

Science

Table de Matières

INTRODUCTION

Ces deux mots, « plantes carnivores, » en apparence inconciliables, ont l'air d'énoncer un gros paradoxe et presqu'une hérésie physiologique : ils impliquent tout au moins une flagrante contradiction aux idées courantes sur la nutrition végétale. Dans ce cycle de migrations de la matière dont le règne inorganique est à la fois le point de départ et le terme d'arrivée (*pulvis es et in pulverem reverteris*), la plante semble vouée au rôle subalterne de pourvoyeuse de la nourriture des animaux. Elle seule, puisant dans le sol et dans l'air les éléments bruts et le détritus de la vie, en recompose ces productions organiques qui, transformées par les herbivores, vont finalement servir d'aliment aux animaux carnivores. On dirait qu'un ordre fatal entraîne dans ce courant le flux mobile des atomes indestructibles et que le végétal le plus noble, a réduit au régime exclusif des éléments minéraux et des engrais, n'est au fond que le substratum de l'animalité la plus infime.

Tout cela paraît être l'évidence, même lorsqu'on s'en tient aux notions vulgaires, aux apparences superficielles d'un dualisme absolu, d'un antagonisme de nature entre les animaux et les plantes ; mais le point de vue s'élargit et se rectifie lorsque, pénétrant dans l'intimité des tissus, on voit dans la plante un organisme complexe dont chaque cellule, au moins dans sa période de vitalité la plus active, n'est autre chose que l'enveloppe d'une pulpe animalisée, on dirait presque d'un animal rudimentaire. Le protoplasme, cette gelée contractile qui vit dans la cellule végétale comme un rhizopode dans sa coquille, répond, par sa composition chimique essentiellement azotée, au sarcode dont la masse homogène constitue le corps entier d'animaux inférieurs. Or, si la plante est ainsi peuplée au dedans d'animalcules à l'état d'ébauche, est-il étonnant que, par exception au moins, la nourriture azotée parvienne à ces hôtes intimes par la voie directe de l'absorption épidermique, au lieu de suivre le cours détourné de l'absorption par les racines ? Ne voit-on pas l'embryon végétal, aux premières phases de la germination, absorber ainsi par sa surface les éléments nutritifs de l'albumen qui l'entoure, si bien que, par un ingénieux stratagème, M. Van Tieghem a pu remplacer autour de cet embryon les matières albuminoïdes naturelles par des aliments artificiels de composition

Jules-Émile Planchon

analogue ? Au fond, les progrès incessants de l'histoire naturelle générale tendent de plus en plus à combler tout hiatus entre les animaux et les végétaux : partout le parallélisme s'accuse entre ces deux branches du tronc organique ; la fusion même s'établit de l'une à l'autre à leur point commun d'origine, dans ces êtres ambigus dont la substance uniforme, dépourvue de toute organisation apparente, ne manifeste la vitalité que par d'obscures contractions.

Ces réflexions générales prépareront les esprits à comprendre comment une plante non parasite, sans renoncer à son mode ordinaire de nutrition par le sol et l'atmosphère, peut néanmoins saisir une proie vivante, en dissoudre les éléments azotés au moyen d'un suc acide analogue au suc gastrique, enfin absorber ce produit de digestion pour en faire soit un aliment général de ses tissus, soit peut-être la nourriture spéciale du protoplasme des cellules placées dans le cercle d'action de ces surfaces digestives.

La théorie de la carnivorité des plantes n'est pas du reste, comme on pourrait le craindre, une élucubration fantaisiste de quelque amateur de nouveautés à sensation. Hasardée en premier lieu par des chercheurs modestes, mais sérieux, MM. Curtis (1834) et Canby (1868), tous deux botanistes américains et par cela même bien placés pour observer sur le vif les plus curieuses d'entre les plantes insectivores, accueillie et confirmée par le professeur Asa Gray, cette doctrine s'appuie aujourd'hui sur l'autorité de maîtres de la science. Un éminent botaniste, le docteur Joseph Dalton Hooker, directeur des jardins de Kew et président de la Société royale de Londres, en a fait, en 1874, à Belfast, le sujet de son discours inaugural devant l'Association britannique pour l'avancement des sciences ; d'autre part, Charles Darwin, résumant à cet égard les études de quinze années, vient de publier sur les plantes « insectivores » un livre admirable où toutes les ressources d'une expérimentation fine, délicate et précise fournissent une base solide aux vues les plus ingénieuses et les plus originales.

Avec de tels guides et de tels garants, il est permis de s'avancer sans trop de crainte dans le champ des vérités paradoxales. Dût-on s'égarer par instants aux frontières indécises où l'hypothèse confine à l'erreur, on est sûr de regagner vite avec eux le terrain ferme de la méthode scientifique. Osons donc apprendre, sans scrupules routiniers, ce qu'ils nous disent des appétits insolites de ces carnassiers d'un nouveau genre, plantes par leur forme et leur organisation, animaux par certains côtés de leurs mœurs, de leurs mouvements et par leur façon d'approprier à leurs tissus une portion importante, sinon nécessaire, de leurs éléments nutritifs.

I. — LES ROSSOLIS OU DROSERA

Les plantes les plus franchement carnivores sont celles qui s'emparent d'une proie animale vivante, l'imprègnent d'une sécrétion acide, en attaquent ou dissolvent de préférence les tissus de nature azotée, et finalement absorbent directement par leurs feuilles le produit de cette sorte de digestion. Dans ce groupe sont compris d'une manière évidente les divers genres de la famille des droséracées (*rossolis, dionée, aldrovandie*), les grassettes ou *pinguicula*, de la famille des utriculariées, et dans une certaine mesure le curieux genre *nepenthes*. Chez un autre groupe, des animaux sont pris au piège ; mais l'absence au moins apparente du suc digestif fait supposer que la digestion véritable y est incomplète, sinon absolument nulle, et que l'absorption directe par les feuilles y porte non sur des produits digérés, mais sur des produits putréfiés ; tel serait, d'après Darwin, le cas des utriculaires et des espèces de *genlisea* ; quant aux *sarracenia*, dont les feuilles, transformées en cornets creux, se gorgent d'insectes qu'on trouve bientôt réduits en un putrilage fétide, des études sont encore nécessaires pour assigner à chaque espèce sa part de *digestivité* véritable ou de simple absorption de produits putrides. Nous exposerons à cet égard les idées du docteur Hooker, du docteur Mellichamp, de Charles Riley, et les réserves dont semble les entourer Darwin en excluant du groupe des insectivores ces mêmes sarracéniées.

Le phénomène de la nutrition chez les animaux comprend trois séries d'actes successifs : d'abord la capture ou la préhension des aliments, puis l'action des liquides digestifs, enfin l'absorption des produits élaborés que l'assimilation va transformer en tissus vivants. Chez les plantes *carnivores*, le premier de ces actes avait depuis longtemps frappé l'attention même d'observateurs superficiels ; toutes constituant en effet de véritables pièges à insectes, des attrape-mouches, pour employer la dénomination vulgaire de la plus connue d'entre elles, la dionée ou *dionæa muscipula*. C'est par cette singulière plante qu'il faudrait ouvrir la série des végétaux *insectivores*, si l'on s'en tenait à la rapidité des mouvements, au jeu subit des valves du piège qui se rabat sur la victime ; mais, parmi les étrangetés de sa nature, la dionée présente celle d'être confinée dans un coin restreint de la Caroline, en dehors de l'observation quotidienne de la généralité des botanistes. Les rossolis au contraire, genre très cosmopolite, comptent, à côté d'espèces très localisées, des types répandus à profusion sur d'immenses aires géographiques. Partout, dans les tourbières, dans les bruyères humides de notre hémisphère boréal, ces élégantes plantules étalent ou redressent leurs rosettes de feuilles humides, grasses et rougeâtres. C'est sur la plus vulgaire de toutes, le rossolis à feuilles rondes (*drosera rotundifolia*, L.), qu'ont porté les recherches patientes de Darwin ; c'est sur cette espèce qu'il sera facile de suivre les phénomènes de motilité, de sécrétion en quelque sorte gastrique, d'absorption superficielle, de modifications dans le contenu des cellules, qui vont nous servir de critérium et de type pour l'étude complète des végétaux carnivores.

Le nom de *rossolis*, qui devrait s'écrire en deux mots, *ros solis*, signifie rosée du soleil, par allusion à ces gouttelettes transparentes qui, sous le soleil le plus ardent, brillent sur les drosères comme autant de perles de rosée au bout des poils de leurs feuilles.[1] Ces organes, chez le rossolis à feuilles rondes, présentent, au sommet d'un pétiole long et grêle, un limbe à peu près circulaire dont la face supérieure est toute couverte d'une forêt de poils visqueux. Darwin appelle ces poils des *tentacules*, sans doute par une vague allusion aux bras préhenseurs des hydres et d'autres animaux aquatiques. Ces tentacules se composent d'un pédicelle en forme d'alêne et d'une glande en tête d'épingle qu'enveloppe une gouttelette visqueuse. Ce sont à la fois des organes de sécrétion, d'absorption et de transmission de mouvement.

Peur peu qu'on observe dans la nature les feuilles de drosera, on s'aperçoit qu'un très grand nombre tiennent embrassés sous leurs tentacules infléchis de petits insectes, principalement des diptères,

---

1   On regrette que Linné, par un purisme arbitraire de nomenclature, ait cru devoir changer ce nom poétique en celui de *drosera* (de *drosos*, rosée), qui ne dit rien de net à l'esprit.

mouches ou moucherons à deux ailes transparentes. Un fait aussi fréquent dut frapper de bonne heure les naturalistes et même les simples curieux ; mais la vraie signification n'en fut que tardivement comprise. On supposait naturellement que les insectes ainsi captifs s'étaient tout simplement englués dans la viscosité des glandes, et que leurs vains efforts pour s'échapper avaient fait courber mécaniquement les tentacules de la feuille. Réduit à ces proportions, le phénomène n'avait rien de surprenant. Il semblait qu'il y eût là pur accident sans trace d'action vitale, ni de motion déterminée vers un but, ni surtout d'utilité directe de l'insecte pour la feuille qui l'a saisi. Cependant dès 1780 les mouvements des tentacules du drosera furent presque simultanément observés en Allemagne par le sagace botaniste Roth, en Angleterre par deux amateurs, Gardom, botaniste du Derbyshire, et Whateley, chirurgien distingué de Londres. L'observation de Roth et une autre analogue du docteur Behr sur le *drosera sulfurea* d'Australie, publiée en 1847, étaient à peu près oubliées ou négligées lorsque je les rappelai sommairement, en les acceptant pour vraies, dans une revue monographique des droséracées, échappée je ne sais comment à l'érudition si vaste du docteur Hooker et de Darwin. La question s'est précisée depuis dans les travaux de Milde (1852), de Nitschke (1860-1861), d'Augé de Lassus (1861), de J. Scott (1862), de Mme Treat (1871), de A.-W. Bennett (1873), du docteur Burdon Sanderson en juin 1874, et du docteur J.-D. Hooker en août de la même année ; mais c'est dans le livre récent de Darwin (1875) qu'il faut chercher, avec le résumé de ces recherches partielles, l'exposé le plus complet, le plus ingénieux, le plus minutieusement détaillé, le plus vigoureusement déduit d'un sujet qu'il a fait sien depuis 1860 et pour lequel la collaboration de ses deux fils, Francis et George, a multiplié sa puissance prodigieuse de travail. C'est dans le livre lui-même qu'on trouvera mille détails d'expérimentation délicate ; tout ce qu'on peut faire ici ; c'est d'en esquisser à grands traits les faits saillants et les résultats généraux.

La feuille du drosera constitue un piège à mouches d'un jeu très lent, mais d'une rare sûreté d'action. Au repos, tendus pour saisir leur proie, les tentacules extérieurs s'étalent en rayonnant sous des angles très ouverts ; tous sont armés de leur gouttelette perfide, dont l'éclat attire peut-être la victime et dont la viscosité la retient en l'engluant. Que du bout de ses jambes grêles un malheureux moucheron effleure cette perle liquide, à l'instant le piège entre en action et ne lâchera plus la victime. Fixé dans une glu tenace, l'insecte fait de vains efforts pour s'en détacher : ces efforts même vont le perdre, car la moindre pression sur le tissu d'une glande non-seulement fait infléchir le tentacule touché, mais transmet le mouvement aux tentacules voisins. Ceux-ci, s'infléchissant à leur tour, s'abattent sur le pauvre insecte. Plus la pression, plus les tiraillements se répètent, plus la victime est robuste et remuante, plus s'élargit le cercle des mouvements et s'augmente le nombre des filaments rabattus : le disque même de la feuille, d'abord plane ou à peine concave, se contracte plus ou moins en coupe évasée et finit par engloutir l'insecte comme dans un estomac temporaire où la digestion va s'établir. Plus tard, la digestion achevée et l'absorption faite, la feuille reprendra graduellement sa forme première, les tentacules reviendront à leur position de repos, les glandes se remettront à sécréter leur perle visqueuse : bref, le piège sera tendu de nouveau, prêt à recommencer trois fois ce manège, auquel pourtant s'use à la fin sa vitalité. À mesure qu'une feuille vieillie est hors de service, de nouvelles la remplacent, si bien que, pour un seul pied de drosera, c'est par vingtaines tout au moins qu'on pourrait évaluer pour l'année les insectes pris ou en voie d'être digérés ou réduits à l'état de dépouille sèche par l'absorption de leurs parties digestibles. Sur une seule et même feuille, Darwin a compté jusqu'à treize cadavres ou restes d'insectes témoins des repas antérieurs de cette araignée végétale.

Tel est, vu d'ensemble, le premier acte de la carnivorité du drosera. Étudié dans ses détails, le jeu de cet appareil de capture n'en est que plus merveilleux. Voyons par exemple comment se transmet et s'irradie le mouvement imprimé aux tentacules. Qu'une excitation mécanique ou autre s'exerce sur une glande, l'action s'en traduit à l'œil par l'incurvation du pédicelle qui la supporte, c'est là proprement l'effet direct et local de l'irritation. Le contact d'un petit fragment de viande crue a produit parfois en dix secondes une légère inflexion, en cinq minutes une incurvation notable, en une demi-heure le rabattement du tentacule sur le centre de la feuille.

Quand l'agent excitateur, corps d'insecte, viande, etc., repose sur le centre même de la feuille, c'est vers ce point que s'infléchissent tous les tentacules. Qu'on place au contraire le corps stimulant sur le milieu d'une des moitiés du limbe, c'est sur ce corps même que se portent les tentacules environnants, même ceux du centre, qui d'habitude restent droits lorsqu'ils reçoivent directement l'excitation ; en un mot, le centre d'excitation devient en même temps centre attractif, si bien que l'on peut faire converger en deux groupes symétriques tous les tentacules d'une feuille en plaçant un fragment de phosphate d'ammoniaque au milieu de chaque moitié du limbe. Il est curieux également de voir un côté de la feuille avec ses tentacules tous repliés sur une proie, tandis que l'autre côté reste étalé dans la position du piège en arrêt. En tout cas, les tentacules se dirigent invariablement dans le sens voulu pour embrasser l'insecte captif : admirable adaptation des moyens au but qui se révélera mieux encore lorsque nous verrons ces mêmes organes modifier la sécrétion de leurs glandes dès qu'il s'agit de digérer la proie qu'elles ont saisie. On dirait qu'une sorte d'instinct aveugle dirige des mouvements aussi précis, ou plutôt on serait tenté d'y voir comme une trace des actions nerveuses dites réflexes, si l'absence totale d'un tissu nerveux chez les plantes ne faisait naturellement pécher par la base cette dernière assimilation.

Les causes d'excitation des tentacules sont nombreuses et variées. Et d'abord il en est de purement mécaniques, le choc, la pression par exemple. Un simple choc par un corps dur ne cause pas d'incurvation ; trois, quatre ou plusieurs chocs répétés déterminent plus ou moins cette inflexion, suivant l'état de l'organe ; mais l'influence d'une pression continue, même très légère, est véritablement étonnante. C'est dans le détail des expériences de ce genre que brille l'ingéniosité de Darwin. Employant des particules très ténues de verre, de cheveux, de liège, il s'est assuré que les tentacules s'infléchissent sensiblement dès que, franchissant en partie la couche de viscosité accumulée sur la glande, ces particules arrivent en contact du tissu sécréteur lui-même. Chose merveilleuse, le poids d'un fragment de cheveu, estimé par d'ingénieux calculs à 8 millièmes de milligramme, a suffi pour produire sensiblement ce phénomène. Or, tandis que de tels fétus agissent comme excitateurs en tant que particules solides, de grosses gouttes de pluie frappant ces mêmes organes, un souffle de l'haleine humaine ou du vent, peuvent les agiter sans que le mouvement d'inflexion se

Jules-Émile Planchon

produise au moindre degré. Darwin serait tenté d'expliquer ce fait par une sorte d'*assuétude* acquise à travers les âges par les générations du drosera. Cette explication un peu hardie est dans le courant d'idées de la sélection naturelle ; mais en tout cas l'auteur reconnaît ingénument que l'impassibilité du drosera à l'égard du vent et de la pluie est une qualité très utile pour une plante appelée à tenir tendus des pièges que ces météores auraient pu sans cela détendre à tout moment : aveu précieux à recueillir de la bouche d'un des adversaires de la théorie des causes finales. Qu'on invoque tant qu'on voudra les adaptations des moyens au but, on n'effacera pas de l'idée des hommes de simple bon sens que de si merveilleux agencements, tout soumis qu'ils sont en tant que faits aux lois fatales du déterminisme, ne se rattachent pas néanmoins par leurs causes les plus profondes au plan harmonique d'une intelligence ordonnatrice.[1]

Pour rester dans le domaine des excitants purement physiques, c'est le cas de signaler ici les effets de la chaleur et de l'électricité sur les mouvements du drosera. La chaleur modérée, ainsi qu'on pouvait le prévoir, augmente l'excitabilité de la plante. Plongées dans l'eau de 48°,8 à 51°,6, des feuilles ont replié tous leurs tentacules. Chauffée à 54°, l'eau paralyse ces mêmes feuilles en les mettant dans cet état d'inertie que Sachs appelle *rigidité par la chaleur* et qui se produit chez la sensitive quand on expose cette plante à l'air humide, chauffé à 45 ou 50 degrés. L'influence du courant galvanique sur les tentacules du drosera n'a pas été étudiée en grand détail. Darwin nous promet là-dessus un travail de son fils Francis, dont il cite comme avant-goût une curieuse observation. Deux aiguilles plantées simplement dans la feuille d'un drosera n'en ont pas fait mouvoir les tentacules, mais l'inflexion de ces organes s'est faite dès que deux aiguilles pareillement insérées ont été mises en rapport avec le circuit secondaire d'un appareil d'induction. On verra tout à l'heure le rapport de cette curieuse expérience avec celle que le docteur Burdon Sanderson avait faite auparavant sur la

---

1 Darwin, il est vrai, atténue lui-même l'aveu en question en ajoutant que, dans bien des cas, les tentacules de drosera se rabattent sans utilité sur des corps inertes qui ne peuvent rien fournir à la plante. La finalité serait donc en défaut sur ce point ; mais cet argument touchera peu ceux qui, comme moi, admettent le mal au sens humain comme ayant sa place dans la nature, sans que ces écarts partiels troublent l'harmonie générale des choses.

feuille de la dionée.

Passons maintenant aux effets de certains liquides organiques naturels ou d'infusions ou de décoctions de matières végétales. Ces expériences ont été faites en déposant sur la feuille des gouttelettes de ces liquides d'un poids moyen d'un tiers de milligramme. Suivant qu'ils contiennent ou non de l'azote, on a pu les distribuer en deux groupes : d'une part les non-azotés, solutions de gomme arabique, de sucre, d'empois, etc.; d'autre part les azotés, lait, urine, albumine de l'œuf, infusion froide et filtrée de viande crue, décoction de pois verts, etc. Nuances à part, un fait saillant et curieux se dégage de ces essais : c'est que les substances non azotées ont été sans action sur les tentacules, que les azotées au contraire ont agi d'une façon très marquée en provoquant l'inflexion des filaments à peu près en proportion de leur richesse en azote. C'est presque sûrement aussi par leur azote que les sels ammoniacaux en dissolution exercent sur le drosera une si puissante influence : le plus actif de tous les sels de ce groupe est le phosphate d'ammoniaque, dont une dose de 3 millionièmes de milligramme a le pouvoir de faire courber un tentacule du bord de la feuille jusque sur le centre du limbe. Ces quantités infinitésimales sont encore fortes auprès des dimensions infimes que doivent avoir les particules solides des effluves que le gibier laisse sur son passage et que l'odorat du chien de chasse saisit pourtant, grâce à l'admirable sensibilité de son organe olfactif. Pour tout ce qui touche aux impressions, la ténuité même des particules, loin d'être un obstacle, est au contraire une circonstance favorable aux effets produits. On est là dans un domaine à part où le microscope lui-même n'a plus d'accès, et qui, soumis sans doute aux lois générales de la mécanique, échappe à toute autre évaluation numérique que celle du calcul abstrait. Le fait le plus remarquable dans cette puissance d'excitation du phosphate d'ammoniaque, c'est la présence simultanée dans ce sel de l'azote et du phosphore, c'est-à-dire des deux substances les plus animalisées peut-être qui se rencontrent dans les végétaux. L'association de ces deux corps dans les graines, dans les bourgeons, dans les tissus jeunes des plantes, en démontre assez nettement la valeur comme éléments nutritifs. C'est donc une confirmation remarquable de ces propriétés si connues que de voir ces mêmes éléments, azote et phosphore, exciter vivement l'appétit des végétaux carnivores et

Jules-Émile Planchon

provoquer avec tant d'énergie les phénomènes précurseurs ou directement actifs de la digestion.

Digestion serait un mot déplacé, si l'on prétendait l'appliquer au phosphate d'ammoniaque en tant que sel de nature inorganique ; mais le mot devient très juste dès qu'il s'applique aux substances organiques solides dont il nous reste à étudier le rôle comme aliments des plantes carnivores. Ce rôle, il est vrai, n'est pas absolument réglé par la présence de l'azote dans ces substances, car plusieurs produits manifestement azotés, tels que la pepsine, l'urée, la chlorophylle et autres, échappent à la digestion du drosera ; mais en groupant en deux séries les matières essayées, les digestibles d'un côté, les non digestibles de l'autre, on s'aperçoit aisément que les premières renferment toutes de l'azote, tandis que chez les secondes cet élément est souvent absent ou peut-être dans des combinaisons qui l'empêchent d'être absorbé.

En tête des substances essentiellement digestibles se placent, sans parler des insectes à téguments mous, la chair musculaire et le blanc d'œuf coagulé. L'effet de ces substances est si marqué qu'on a pu les prendre pour appât dans les curieuses expériences destinées à démontrer la réalité de la digestion. La chair, dans ce cas, a dû être employée en petits fragments, de plus gros pouvant causer à la feuille une sorte d'indigestion qui se traduit par une altération marquée de la vitalité des glandes. De petits cubes de blanc d'œuf, placés sur diverses régions de la feuille, ont d'abord provoqué l'abaissement des tentacules, puis augmenté l'abondance et déterminé l'acidité de la sécrétion visqueuse, enfin, sous l'influence de ce suc acide, ils se sont graduellement ramollis, ont perdu leurs arêtes vives, et ont pris dans la plus grande partie de leur masse une transparence caractéristique. La sécrétion acide du drosera dissout aussi le cartilage, l'os et jusqu'à l'émail des dents. Un des faits les plus curieux dans la marche de la digestion du blanc d'œuf, c'est que l'addition d'un alcali, du carbonate de soude par exemple, arrête le phénomène en neutralisant l'acide du suc digestif : qu'on ajoute alors un peu d'acide chlorhydrique dilué de manière à neutraliser la soude, la digestion reprend son cours, l'acide du suc digestif étant remis en liberté.

Quel est cet acide qui, dans la sécrétion du drosera, semble correspondre à l'acide chlorhydrique libre du suc gastrique des animaux ? La difficulté d'isoler du drosera une dose suffisante de suc digestif est cause qu'on n'a pu résoudre d'une manière certaine ce problème délicat de chimie physiologique. M. le professeur Frankland a pensé néanmoins que dans le liquide à lui soumis par Darwin il y avait de l'acide propionique, en tout cas un acide de la série acétique ou grasse. Outre cet acide du reste, Darwin admet que le même suc contient un ferment spécial analogue à la pepsine, et qui n'apparaît dans la sécrétion que sous l'influence d'une première absorption de matière animale soluble. Il se passerait là, chez la plante, l'analogue de ce que Schiff assure avoir lieu chez l'animal, dont l'estomac ne sécréterait la pepsine qu'après avoir absorbé certaines substances dites peptogènes. Quant à l'acide, s'il se produit chez le drosera sous l'influence d'un stimulant mécanique ou inorganique, la même chose a lieu pour l'estomac, qui, mécaniquement irrité, verse un suc acide sans avoir rien à digérer. S'il est vrai du reste que même des causes mécaniques ou la pression de corps inertes, tels que le verre pilé, déterminent chez le drosera les phénomènes qu'y provoque le contact des substances vraiment nutritives, l'action de ces dernières se distingue par une énergie plus grande et par la durée plus prolongée de l'inflexion des tentacules. C'est à ce signe surtout que se distingue la vraie digestion de ce qui n'en a que l'apparence, je veux dire le rabattement temporaire des tentacules sur des corps impropres à nourrir la feuille : dans ce dernier cas, les tentacules se relèvent assez promptement. Au contraire, appliqués sur une proie ou sur une substance digestible, ces organes ne se redressent qu'après avoir achevé leur tâche d'agents digestifs.

Il était curieux de savoir si l'albumen des semences, si le contenu azoté des grains de pollen seraient attaqués par le drosera. L'affirmative s'est dégagée des expériences faites dans ce sens. De cet exemple du pollen et de quelques essais faits avec des fragments de feuilles de chou et d'épinard, il résulte que le drosera est dans une certaine mesure *herbivore*, mais que dans ce cas l'action digestive, à peu près nulle sur la cellulose qui forme la paroi solide des cellules, s'exerce spécialement sur le contenu azoté de ces organes.

En résumé, sauf les réserves sur quelques points de détail, l'ensemble des faits, des expériences, est favorable à l'idée d'une digestion foliaire chez le drosera. Rien ne manque à l'analogie entre

la digestion animale et cette digestion végétale, ni l'acte prépa-
ratoire, capture de la proie vivante, ni l'acte essentiel, caractéristique, action dissolvante d'un suc acide et d'un ferment spécial sur
des aliments de nature protéique comprenant toujours l'azote au
nombre de leurs éléments. Ce dernier trait prouve que la digestion végétale répond simplement à celle de l'estomac des animaux,
abstraction faite de l'action salivaire, qui se porte sur les matières
féculentes, et de l'action de la bile et du suc pancréatique, affectée
à la dissolution des matières grasses. Rien n'empêcherait du reste
de considérer l'analogue de la digestion salivaire comme existant
chez la plante dans la profondeur des tissus. Dès à présent, il est
donc facile d'entrevoir que tous les phénomènes de nutrition, au
lieu d'être soumis chez les plantes et les animaux à des règles plus
ou moins antagonistes, présentent au contraire dans leur ensemble
un parallélisme des plus prononcés. Le fait de la carnivorité végétale aura sans doute, par son étrangeté même, le privilège d'ouvrir
des horizons tout nouveaux à l'étude comparative des deux sous-
règnes organiques. On comprendra de mieux en mieux comment
les manifestations extérieures de la vie, en apparence si opposées
dans l'animal et la plante, reposent au fond sur la même base, celle
des mouvements moléculaires d'un très petit nombre d'éléments
fondamentaux, dont pas un n'existe chez l'animal le plus élevé qui
ne puisse se retrouver chez la plante la plus simple. Ceci ne veut
pas dire que tout dans le monde se ramène aux modifications de
la matière. La fatalité dans les mouvements est l'essence même des
lois naturelles, mais ces lois elles-mêmes en tant qu'harmoniques
décèlent un plan, une pensée, dont le hasard est incapable et dont
l'intelligence humaine est comme un lointain et pâle reflet. Si le
déterminisme trace à la matière esclave sa marche fatale, il suffit à
l'homme de sentir sa volonté pour concevoir au-dessus de la matière et de la force ce *quid divinum* qui représente l'intelligence et
la liberté.

Un dernier acte est nécessaire à la plante carnivore pour utiliser
les produits de sa digestion : il faut que ces produits, devenus liquides, pénètrent dans le tissu de la feuille et peut-être même, de
proche en proche, de la plante entière. Cette absorption post-di-
gestive, mal connue au fond, plutôt admise par raisonnement que
mesurée par expérience, serait concentrée d'après Darwin sur les

glandes des tentacules ; elle se décèlerait surtout par ce fait que les glandes en question, d'abord stimulées par la présence des substances nutritives à sécréter abondamment un suc acide, deviendraient au contraire peu sécrétantes à mesure que la digestion approcherait de sa fin et qu'on les trouverait presque sèches quand leurs pédicelles se redresseraient pour se remettre à l'affût d'une proie nouvelle. Les changements de couleur survenus dans le protoplasme des glandes à la suite de la digestion seraient aussi des indices qu'une absorption s'est faite par les parois de leurs cellules. La disparition graduelle des fluides épais produits pendant la digestion, trop rapide pour qu'on puisse y voir un simple effet d'évaporation dans l'air, donnerait au fond la preuve la plus directe de l'absorption de ces fluides par les glandes. Le fait semble très évident chez la dionée, comme on le verra plus loin ; mais il faut bien avouer que cette partie de la question est celle qui appelle encore le plus de recherches. Avec les maigres données expérimentales que l'on possède à cet égard, il est difficile de se faire une idée précise de la part que prennent à l'absorption la surface générale de la feuille et les cellules des tentacules. Bien plus malaisé serait-il de définir dans quelle étendue de l'organisme entier de la plante se diffuse la matière supposée nutritive que la surface du limbe foliaire a digérée. Peut-être même serait-ce trop s'avancer que de voir dans la digestion foliaire un élément absolument nécessaire de la nutrition du drosera. Ce pourrait n'être qu'un supplément très utile d'alimentation pour une plante qui vit parfois dans le sphagnum pur, c'est-à-dire dans une mousse blanchâtre pauvre en chlorophylle, à tige gorgée d'eau, imprégnée des produits acides de l'humus particulier aux tourbières, mais peu riche d'ailleurs en éléments azotés. C'est même une observation judicieuse de Darwin que, chez les droséracées et chez les plantes carnivores en général, le système radiculaire (lorsqu'il n'est pas nul comme chez l'aldrovandie) est singulièrement peu développé : les maigres racines du drosera doivent néanmoins être de puissants suçoirs pour puiser l'eau nécessaire à tenir humide et gorgé le tissu charnu de ces feuilles, dont chacune porte de 120 à 260 poils visqueux coiffés de leur gouttelette toujours fraîche même sous l'action desséchante du soleil. Ainsi le drosera boirait largement, mais mangerait peu par ses racines : la nourriture azotée lui parviendrait par les feuilles comme un élément utile, sinon absolument indispensable à son développement normal.

Ces réserves, que nous croyons devoir faire sur le dernier acte (et non le moins important) de la carnivorité des droséracées, ne détruisent pas le fait même de la digestion. Pratiquement il peut manquer à cette partie du phénomène la précision et la démonstration expérimentale qu'on est en droit de demander à toute théorie nouvelle ; mais, les prémisses étant données, je veux dire la capture d'une proie, puis la dissolution de cette proie au moyen d'un suc en tout semblable au suc gastrique, on se demande à quoi devraient aboutir ces préliminaires, si la conséquence n'en devait être une utilisation des produits ainsi préparés... Je sais bien que la méthode sévère de la science moderne se méfie de plus en plus des raisonnements fondés sur l'idée de finalité, mais, qu'on le veuille ou non, les considérations de ce genre seront toujours pour quelque chose dans les hypothèses qui visent à la simple probabilité, en attendant la certitude qui découle de l'évidence. Darwin lui-même, malgré ses efforts pour supprimer les causes finales dans la conception des phénomènes naturels, cède très souvent à cette tendance des meilleurs esprits à admettre un fait sur de simples présomptions logiques. Seulement, à côté du puissant remueur d'idées, du théoricien hardi, du novateur audacieux, il y a chez l'auteur de l'*Origine des espèces* l'observateur exact, l'expérimentateur patient à qui l'on doit les admirables recherches sur la fécondation croisée des plantes et sur les plantes carnivores. Qu'on discute loyalement ou avec passion la valeur de ses théories, ni les anathèmes, ni les dédains ne lui raviront ce mérite éminent de chercheur aussi infatigable qu'ingénieux.

II. — LA DIONÉE.

Sous ce nom poétique de *dionœa* (Vénus Dionée ou fille de Jupiter), le naturaliste anglais Ellis fit connaître vers 1768, en l'envoyant à Linné, une plante étrange entre toutes. Il l'avait reçue en 1765 de son correspondant américain Pierre Collinson, qui la tenait lui-même du voyageur John Bartram, botaniste du roi à Philadelphie, un des premiers et des plus habiles explorateurs de la flore des États-Unis. Linné, qui connaissait tant de plantes, proclama la dionée la plus merveilleuse de toutes ; *miraculum naturæ*, écrit-il dans son style enthousiaste. Ce n'est pas sur un exemplaire sec qu'il pouvait ainsi le juger ; mais, Ellis, empruntant sans doute à ses amis d'Amérique, le récit des faits et gestes de cette plante animée, avait pu lui en décrire les singularités les plus saillantes. Qu'on se figure une herbe à feuilles toutes radicales, étalées en rosette sur le sol et portant chacune au bout d'un pétiole dilaté en aile un limbe à deux lobes arrondis bordés de larges cils presque épineux et susceptibles de se rabattre l'un vers l'autre en se fermant comme les deux valves d'un piège à loup dont la nervure médiane serait la charnière. Sur chaque valve, à la face supérieure du limbe, trois pointes ou filaments à peine visibles sont disposées en triangle de façon à se trouver aisément sur le passage d'un insecte parcourant la feuille. Que l'insecte effleure une de ces pointes, à l'instant, comme par un invisible ressort, les deux valves se rapprochent et croisent les cils raides de leurs bords qui forment barrière autour de l'insecte captif. Celui-ci, parfois très robuste, se débat et s'épuise en vains efforts. Ellis trace de ce petit drame un tableau tragique dans lequel les pointes imperceptibles du limbe ne seraient rien moins que des poignards donnant le coup de grâce à la victime, à peu près comme dans certains récits du moyen âge des statues d'airain transpercent un condamné dans leurs affreux embrassements. Rien ne manquerait d'après Ellis à cet appareil de ruse et de mort, pas même l'appât qui séduit l'insecte par la gourmandise et que représenteraient des glandes rougeâtres exsudant peut-être une liqueur sucrée. De ce roman, car c'en est un sous cette forme exagérée, il reste quelques traits exacts, savoir l'occlusion rapide du piège, la mort finale de la victime, mais par un procédé tout autre que le poignard, enfin l'idée, assez hardie pour le temps, que les insectes saisis pourraient bien servir à la nourriture de la plante. Linné, frappé sans doute de quelques exagérations d'Ellis, n'osa pas croire à la carnivorité de la dionée : à ce fait vrai que l'insecte meurt dans le piège, il substitua de parti-pris une conception erronée, à savoir que la feuille relâche son prisonnier dès que ce dernier, épuisé d'efforts, cesse d'irriter par ses mouvemens les murs de sa prison vivante. Appuyée d'une telle autorité, l'erreur fut copiée de livre en livre, jusqu'au moment où l'observation faite sur le vif permit au révérend docteur Curtis de rectifier l'opinion vulgaire et de donner une sanction positive à l'hypothèse vague d'Ellis.

C'est à Willmington, dans la Caroline du nord, patrie singulièrement restreinte de la dionée, que Curtis put observer à loisir cette merveilleuse plante. Il résuma ses recherches dans une courte notice publiée en 1834 et constata trois faits importants : d'abord que la sensibilité (pour employer le mot consacré) réside dans les petites pointes du limbe, puisque l'insecte, si faible qu'il soit, si peu de consistance qu'aient ses téguments, n'est pas écrasé par les valves, enfin, et c'est là le point capital, qu'il a souvent trouvées les victimes enveloppées dans un fluide mucilagineux, paraissant agir sur elles comme dissolvant, puisque les insectes s'y présentent plus ou moins altérés dans leur texture (*more or less consumed*). Le vague de cette dernière expression n'était pas fait pour donner crédit à l'idée d'une digestion véritable. On pourrait peut-être, à meilleur titre, trouver le germe de cette idée dans une remarque du jardinier anglais Knight, antérieure à l'année 1818 ; cet observateur original étendit de fines lanières de bœuf cru sur les feuilles d'un pied de dionée, lequel se montra plus luxuriant que les exemplaires non traités par ce procédé ; mais, à vrai dire, la notion très nette de la carnivorité de la dionée n'apparaît que dans les recherches, publiées en 1868 à Philadelphie, du docteur W.-M. Canby, botaniste américain résidant à Willmington, au centre même de l'habitation de la plante. Les points importants de ces recherches rappellent exactement ceux que nous a montrés le drosera, savoir la nature dissolvante et digestive de la sécrétion des feuilles, la longue durée de la contraction des valves lorsque le corps embrassé est de nature animale, enfin l'absorption par les feuilles des produits de la digestion. Ce sont là des faits par lesquels toutes les droséracées se ressemblent ; mais il y aura quelque intérêt à noter rapidement les singularités biologiques qui font à la dionée une place à part entre toutes les plantes irritables et digérantes.

Et d'abord une différence essentielle distingue l'appareil de capture de la dionée de celui des rossolis. Ces derniers sont de vrais pièges agglutinants dont les tentacules retiennent mécaniquement un insecte faible, puis se replient lentement sur le captif, l'enlacent plus qu'elles ne l'enferment, n'ont en aucun sens la rapidité de détente d'un ressort, tiennent à la fois de la toile de l'araignée et des bras préhenseurs de l'hydre ou des tentacules des anémones de mer. Une certaine continuité de pression est nécessaire pour le jeu lent de cet appareil ; le simple contact, même deux ou trois fois répété, ne suffit pas pour le mettre en branle. Chez la dionée au contraire, véritable piège à détente, le contact le plus léger, celui d'un fin cheveu qu'on balance, dès qu'il touche un des poils sensibles du limbe, en fait jouer comme par un ressort subit les valves souvent à demi fermées : elles se rapprochent en quelques secondes, les dents marginales se croisent comme des griffes entrelacées. Voilà la feuille devenue prison à la manière d'une coquille bivalve. Il n'y a là ni viscosité, ni sensibilité déterminée sur des glandes ; les points exclusivement irritables sont les petits appendices piliformes qui se dressent presque invisibles à la surface des valves et dont la structure et les fonctions méritent une étude un peu détaillée.

Ces appendices sont à peu près invariablement au nombre de trois à la face supérieure de chacun des lobes ; dressés lorsque la feuille est ouverte, ils peuvent s'abaisser et se replier par une articulation de leur base à mesure que les valves se referment : admirable adaptation qui les protège contre une rupture et leur conserve leur intégrité de texture et de fonction. Ils échappent presqu'à la vue simple, tant ils sont grêles, délicats et peu colorés ; ce sont des filaments en alêne, légèrement dilatés à la base, sans trace de vaisseaux quelconques dans l'axe, ni de surface sécrétante sur aucun point de leur étendue. Indifférents à la pression d'un corps léger, par exemple d'un fragment de cheveu d'homme, qu'on réussit à poser tout doucement sur leur sommet, et dont la dixième partie suffirait pour infléchir un tentacule de drosera, ils sont au contraire de la sensibilité la plus exquise sous le choc le plus insignifiant ; mais leur rôle est moins de recevoir l'impression que de la transmettre, car ils restent droits pendant qu'ils communiquent l'ébranlement aux valves, et ne se couchent, suivant toute apparence, que sous la pression des valves rapprochées. Il y a là, fait judicieusement observer Darwin, une frappante accommodation de moyens au but ; chez le drosera, les tentacules peuvent se mouvoir lentement sur une proie déjà prise par la glu ; chez la dionée, si le mouvement n'était subit, la proie, libre dans ses allures, aurait le temps de se sauver. Encore un hommage indirect rendu à la théorie des causes finales par un de ses adversaires les plus déclarés !

Jules-Émile Planchon

La proie ordinaire du drosera consiste généralement en petits diptères à corps mou. C'est par exception qu'on trouve pris d'autres insectes, par exemple de petits papillons ou même par accident une grosse libellule. La dionée au contraire chasse à de plus gros gibier et particulièrement aux coléoptères, dont la force musculaire n'est domptée que par un puissant effort. De là ce fait bien connu que les valves sont maintenues l'une contre l'autre par une force de ressort très prononcée, tellement que, séparées par violence, puis relâchées, elles se referment avec une sorte de clappement. Il arrive néanmoins que des coléoptères très robustes, protégés sans doute par la cuirasse de leurs téguments, parviennent à se sauver de l'étreinte de la feuille en rongeant rapidement la paroi de leur prison. C'est ainsi que le docteur Canby a vu s'échapper un malheureux charançon, qui, replacé sans pitié dans une nouvelle feuille, y a trouvé cette fois la mort et la tombe.

La manière dont se comporte ce piège animé varie suivant la nature de l'objet qu'il emprisonne. S'agit-il d'un insecte ou d'une substance digestible, l'occlusion est prolongée, neuf jours par exemple sur une mouche, autant sur du blanc d'œuf durci, un peu moins sur la caséine et du fromage (ce dernier produit détermine souvent sur les feuilles une nécrose superficielle et locale), un peu moins sur de la viande ; mais ces variations de durée peuvent tenir à des causes très diverses. Le seul fait certain, c'est que sur des substances non digestibles, fragments de bois, liège, papier en boulettes, la feuille se rouvre en moins de vingt-quatre heures et se montre alors toute prête à recommencer son jeu. Au contraire, après un vrai repas, elle se rouvre tardivement, lentement, comme fatiguée, et demande un certain repos avant de rentrer en action. On dirait que la digestion l'a rassasiée, tandis qu'un repas manqué lui laisse tout son appétit.

Au premier temps du rapprochement des valves, ces surfaces, un peu concaves au repos, commencent à se toucher par leurs bords. Il existe donc un vide marqué entre les deux lobes récemment fermés. Ce vide persiste, si l'objet pris au piège n'est pas digestible ; au contraire, s'il s'agit d'un insecte tant soit peu gros, la convexité des valves se déprime, et la pression graduelle s'exerce sur le corps sous-jacent, à tel point que ce corps écrasé ou serré fait enfler en bosse la portion de la feuille qui le recouvre. Pour si rapide que soit du reste le rapprochement des valves, il s'écoule un certain temps

II. — la dionée.

avant que les dents marginales, d'abord entrecroisées par leurs pointes, se mettent en contact par leurs bases élargies. Dans l'intervalle donc, il reste entre ses dents rapprochées en grille des vides étroits par lesquels de petits insectes peuvent s'échapper. Darwin, en constatant ce fait, y voit un avantage pour la plante en ce sens qu'elle réserverait sa faculté de digestion pour des proies d'un assez gros volume, laissant fuir le menu gibier qui tiendrait sans profit la place du gros.

Jusqu'ici, nous n'avons vu chez la dionée que des organes de préhension. La digestion proprement dite exige autre chose, et ce quelque chose se présente sous la forme de glandes à la fois sécrétoires et absorbantes. Ces glandes recouvrent la face supérieure de la feuille. À peine visibles à l'état de repos, elles n'entrent en action comme organes sécrétoires que sous la stimulation directe d'une matière digestible. Cette mise en activité des glandes s'étend du reste de proche en proche dans un rayon limité tout autour aussi bien qu'au contact du corps stimulant. Plus tard l'absorption se fait par ces mêmes glandes, en tant qu'on peut en juger du moins par les modifications survenues dans le contenu de leurs cellules sous l'influence de la digestion ou de liquides riches en azote. La nature acide du suc digestif rappelle celle du drosera. L'action de ce liquide s'exerce aussi principalement sur les matières albuminoïdes à l'exclusion des substances qui ne renferment pas d'azote.

Ici viendrait, si le sujet n'était trop technique, l'étude des causes et du mécanisme des mouvements des organes irritables des droséracées. C'est à dessein qu'on omettra cette difficile discussion. Un fait pourtant veut être au moins rappelé : c'est la découverte si piquante du docteur Burdon Sanderson sur l'existence chez la dionée de courants électriques rappelant à beaucoup d'égards les courants du même genre dans les nerfs et les muscles des animaux. Dans la feuille de la dionée, il existe en effet un courant normal qui s'accuse par la déviation à gauche d'un galvanomètre dans le circuit duquel on a interposé la feuille avec ses valves étalées. Qu'on la fasse alors contracter en touchant un des filaments irritables, à l'instant l'aiguille du galvanomètre se porte à droite, puis vient à son point de repos. La contraction vitale de la feuille a donc troublé, puis anéanti le courant, de même que la contraction d'un muscle en anéantit momentanément le courant électro-moteur en le transformant en force musculaire.

Si curieux que soit le rapprochement entre une plante irritable et des animaux supérieurs, on aurait tort d'en conclure à l'existence formelle d'un tissu nerveux caractérisé chez un végétal quelconque. Que l'équivalent physiologique des nerfs se retrouve peut-être dans quelque élément constitutif du tissu ou du contenu cellulaire de plante, c'est ce qu'on ne saurait absolument nier *a priori*. La manière dont le chloroforme et d'autres anesthésiques agissent sur des organes de plantes dites irritables semblerait même faire soupçonner chez ces plantes quelque chose qui correspondrait dans ses effets au système nerveux des animaux ; mais, bien que les droséracées doivent tenir un très haut rang entre les végétaux impressionnables, certains poisons spéciaux des nerfs, comme le venin du serpent à lunettes et de la vipère, n'ont pas altéré la motilité des tentacules du drosera ; d'autres poisons, plus spéciaux aux nerfs des muscles, tels que la vératrine, la colchicine, n'ont agi ni comme poisons ni comme agents d'incurvation de ces mêmes organes motiles ; la morphine, l'atropine, n'ont produit dans ce cas aucun effet sensible ; le camphre en solution a singulièrement excité la motilité des tentacules ; en vapeur au contraire, il a joué le rôle d'un narcotique. Du reste, les nombreuses expériences faites par Darwin sur le drosera au moyen d'acides, d'alcalis, d'alcaloïdes, de sels minéraux ou organiques variés, présentent trop de diversité dans leurs résultats pour que l'on puisse encore en rien conclure de très net. Tout l'arsenal de la chimie, de la pharmacie a été mis en réquisition pour ces essais ; mais il faudra bien du temps encore pour que les conclusions de cette étude physiologique puissent se condenser en quelques formules simples et précises.

En attendant, si la dignité d'une plante dans l'échelle comparative de la vie se mesurait à la vivacité des mouvements, la dionée ne serait pas seulement un merveilleux appareil de chasse aux insectes, ce serait la rivale de la sensitive par les phénomènes d'une irritabilité presque animale. Des facultés digestives augmentent encore l'assimilation des droséracées aux vrais animaux. Constatons cette analogie sans vouloir en exagérer la portée ni trop en préjuger la véritable signification. La sensibilité proprement dite suppose une perception de plaisir ou de douleur qu'on ne saurait accorder sans preuves à la plante la plus irritable. La vie du végétal, même

II. — la dionée.

dans sa manifestation la plus haute, ne doit guère dépasser ce degré d'automatisme et de mouvement réflexe qui, chez les animaux sarcodiques, s'accuse par des contractions, des expansions de la substance homogène, des formations de cavités digestives temporaires, sous l'influence directe du contact de la proie avec la surface du corps : l'intelligence, la volonté, sont évidemment les attributs d'organismes dans lesquels la pulpe nerveuse se dessine en filets et en masses définies : or, sous ce rapport, le tissu des droséracées n'offre aucune particularité saisissable qui distingue ces plantes du commun des végétaux.

III. — L'ALDROVANDIE.

Autant la dionée avec sa large rosette de feuilles étranges semble attirer l'attention des simples curieux, autant l'herbe obscure qui rappelle le nom du célèbre naturaliste bolonais Ulysse Aldrovandi semble se dérober aux regards même des botanistes les plus chercheurs. Plongée dans l'eau stagnante et souvent trouble de mares ou de fossés, elle y laisse flotter librement des tiges courtes, absolument dépourvues de racines, et qui portent, serrées en verticilles de sept à neuf rayons, de petites feuilles d'une structure très insolite que nous décrirons plus loin pour en faire connaître les fonctions. Rappelons d'abord les singularités de distribution géographique de ce type. Comme pour beaucoup d'autres plantes à vie aquatique, l'aire de cette distribution est à la fois très étendue et très fractionnée : très étendue en ce sens que deux des formes de la plante qu'on n'a pu bien caractériser comme espèces habitent l'une le Bengale, l'autre l'Australie, — très fractionnée en ce sens que les *habitats* de la forme européenne (*aldrovanda vesiculosa*, L.) sont disséminés à de larges intervalles en Italie, en France, en Allemagne, en Pologne et en Russie. En France même, elle a disparu d'Orange et des bains de Motlig (Pyrénées-Orientales) et ne se trouve plus qu'à Raphèle, tout près d'Arles et dans l'étang de la Canau (Médoc), non loin de Bordeaux. C'est donc par excellence une rareté botanique, et, bien qu'étudiée avec soin par des observateurs très sagaces, elle n'a livré qu'aux plus récents le secret de ses appétits carnivores. Encore tout n'est-il pas dit à cet égard. Il est bien possible que, sous le rapport de la digestion, l'aldrovandie tienne à la fois des droséracées, qui dissolvent par une sécrétion acide les proies vivantes ou les substances azotées, et des plantes qui, comme les utriculaires, absorbent principalement les produits plus ou moins décomposés des mêmes substances organiques : il y aurait là passage ou plutôt combinaison de deux régimes, l'un franchement carnivore par digestion, l'autre *putrivore* par simple absorption de matières désorganisées ; mais avant d'entrer dans ces hypothèses, examinons de plus près ce que la structure et les mouvements des feuilles laissent deviner des appétits et des mœurs de l'aldrovandie.

Chaque feuille de cette plante se compose d'un pétiole élargi en coin et portant au-dessous de son articulation avec le limbe de quatre à six soies. Le limbe lui-même consiste en deux lobes arrondis presque toujours rapprochés comme les deux valves d'une coquille, et qui donnent à la feuille l'apparence d'une vésicule close, d'où le nom impropre de *vesiculosa* appliqué à l'*aldrovandia* de Monti. À vrai dire, il n'y a pas là de sac clos, et l'idée que ces prétendues vésicules seraient des appareils de flottaison est démentie par ce fait que la feuille même avec ses lobes rapprochés ne renferme qu'accidentellement des gaz. Ces lobes d'ailleurs s'écartent spontanément sous une température assez élevée et se referment comme ceux de la dionée lorsqu'une irritation mécanique ou autre s'exerce sur des filaments ténus, articulés et transparents qui se dressent sur la partie de leur face interne adjacente à la nervure moyenne. C'est ce que put voir en 1861, sur la plante de Raphèle, M. Augé de Lassus, botaniste de Marseille ; c'est ce qu'ont revu de leur côté Stein (1873) et Cohn sur la plante d'Allemagne. Le jeu de ces valves rappelle celui de la dionée, sauf que l'écartement est toujours moindre et que les épines très courtes des bords ne se croisent pas en forme de grille autour de la proie emprisonnée. Cette proie consiste en larves d'insectes aquatiques, mais très souvent aussi en crustacés de petite taille. Que ces bestioles frétillantes trouvent dans cette prison refermée sur elles d'abord une captivité sans limites, puis la mort, c'est ce que Darwin assure sur la foi de Cohn, dont le mérite d'observateur est établi par des travaux d'une rare distinction et d'une réelle autorité. Mais par quelle voie la mort atteint-elle ces victimes ? C'est ce qui ne se dégage pas avec une entière netteté des observations de Cohn, telles que Darwin les résume, et des expériences très incomplètes auxquelles l'auteur anglais a pu soumettre l'aldrovandie cultivée en aquarium. Les données obtenues à cet égard reposent plutôt sur des analogies anatomiques que sur des faits positifs. Il suffira d'en rappeler brièvement les considérations les plus générales.

À part les filaments articulés qui sont les agents ou plutôt les conducteurs de l'irritation motile, les feuilles de l'aldrovandie portent deux sortes d'appendices épidermiques. Vers le pourtour de chaque valve, ce sont des papilles à quatre cellules divergentes formant comme une croix grecque en miniature, organes dont on retrouve les analogues dans toutes les utriculaires et qui d'après Darwin serviraient à l'absorption des produits de décomposition des matières organiques. Sur la partie de chaque valve qui avoisine la charnière ou nervure médiane se pressent de petites glandes arrondies, presque sessiles, rappelant par leur structure les glandes qui chez la dionée sécrètent le suc digestif. Qu'une fonction pareille existe chez les glandes de l'aldrovandie, c'est ce que Darwin suppose plus qu'il ne le prouve : les faits qu'il cite ne sont point assez positivement établis pour qu'il en ressorte la conviction que l'aldrovandie est carnivore, au même degré du moins que les autres genres de cette famille. Irritable, motile, elle l'est certainement, et peut à ce point de vue, par le mécanisme de ses valves, rappeler assez exactement la dionée ; digérante, elle l'est aussi suivant toute probabilité ; mais le degré, le mode et la nature de ses facultés d'absorption restent encore un problème plein d'incertitudes et de lacunes. Avis aux botanistes assez heureux pour avoir le loisir et l'occasion de scruter le mystère des repas de cette nymphe des eaux !

En choisissant le rossolis à feuilles rondes, la dionée attrape-mouches et l'aldrovandie comme types des mœurs de leur famille, nous n'avons voulu donner de ces mœurs qu'un aperçu général. Ce serait abuser sans doute de l'attention des lecteurs non botanistes que pousser plus avant cette étude des droséracées. La plante géante du groupe, le *drosophyllum* du Portugal et du Maroc, les *roridula* du Cap, les *byblis* et le *drosera binata* de la Nouvelle-Hollande nous présenteraient encore bien des nuances dans la manière de capturer une proie ; mais il faut arrêter ici une revue que trop de détails rendraient fastidieuse. D'ailleurs d'autres sujets nous appellent et vont nous montrer sous de nouveaux aspects le

Jules-Émile Planchon

même problème de digestion végétale.

IV. — LES UTRICULARIÉES.

L'étude des meurs des droséracées nous a révélé chez ces plantes singulières des habitudes presque animales dans leur manière de saisir et de sucer une proie. Toutes sont ce qu'on pourrait appeler des pièges *actifs*, dans lesquels un mouvement lent ou rapide intervient pour la capture des insectes : toutes digèrent avec une prédilection marquée, sinon exclusive, les produits vivants ou morts qui peuvent fournir de l'azote à leurs tissus. Ce sont là les carnivores par excellence. Ce double caractère de piège actif et de carnivorité se rencontre également chez des plantes qui n'ont aucun rapport de parenté avec les droséracées, mais que certains caractères de leurs feuilles m'avaient fait jadis comparer au drosera, analogie que les observations originales de Darwin viennent de mettre en pleine lumière.

Les *pinguicula* (tel est le nom de ces plantes, que traduit en français le diminutif *grassette*) se font remarquer par un certain éclat humide et comme onctueux de leurs feuilles. Dans les espèces d'Europe, dont les jolies fleurs ressemblent à des violettes, ces feuilles, étalées en rosette sur la mousse des tourbières ou des pelouses, ont la forme d'une langue à bords légèrement enroulés, à texture molle et charnue. Elles sont humectées d'un fluide mucilagineux et transparent, qui ne perle pas en gouttelettes brillantes comme chez le drosera, mais qui s'accumule souvent dans les gouttières des bords enroulés ou dans les parties déclives du limbe. Cette liqueur est évidemment organique. Elle résiste aux lavages de la pluie et à l'action desséchante du soleil ; c'est qu'elle suinte des poils glanduleux imperceptibles à l'œil et dont le microscope seul fait voir la très élégante structure. Ce sont à la fois des organes de digestion et d'absorption. Trop courts pour pouvoir s'infléchir à la façon des tentacules du drosera, incapables de mouvements pour leur propre compte, ils n'en sont pas moins les excitateurs des mouvements lents et généraux par lesquels le limbe de la feuille embrasse et englue sa victime.

À l'état de nature, en pleine campagne, les feuilles de la grassette commune se montrent presque toujours avec des insectes ou des débris variés de plantes adhérents à leur surface. On pourrait croire qu'il n'y a là qu'un pur accident, et sans doute la chose s'explique ainsi pour des brins de mousse, des feuilles de bruyères et des corps inertes que le vent soulève et pousse au hasard ; mais la présence des insectes est le fruit d'une vraie chasse, d'un acte vital de la plante. Qu'on mette en effet au bord à peine infléchi d'une feuille une rangée de petites mouches, lentement, mais sûrement, ce bord s'enroulera sur lui-même, tandis que le bord opposé reste immobile. Le même phénomène d'enroulement se produira sur des fragments de viande ou de blanc d'œuf.

Du même coup, ces substances azotées auront provoqué une sécrétion plus abondante des glandes, auront rendu acide cette sécrétion qui ne l'était pas dans les glandes au repos, bref, auront amené chez la feuille de la grassette les mêmes phénomènes de dissolution que nous ont fait voir en détail les droséracées. Notons pourtant une différence : les préliminaires de la digestion chez les drosera sont relativement assez rapides, cinq ou six minutes suffisent pour qu'un tentacule commence à se mouvoir ; la victime est donc vite engluée et garrottée, mais la digestion proprement dite est assez longue, sans doute parce qu'elle s'achève tout entière sur le point où la proie est fixée. Pour la grassette au contraire, les préliminaires sont très longs, l'enroulement de la feuille extrêmement lent ; mais, une fois la digestion bien en train, c'est-à-dire la substance nutritive bien imprégnée de suc acide, le déroulement de la feuille se fait en peu d'heures, et la proie ramollie glisse d'habitude dans les dépressions de la feuille où s'est ramassé le liquide sécrété : vingt-quatre heures parfois, moins de quarante-huit heures en tout cas, séparent l'enroulement d'une feuille de son retour à l'état d'expansion première. Cette rapidité d'action permet sans doute à la plante de renouveler plus fréquemment ses repas, mais laisse supposer aussi que la substance fournie par les proies vivantes n'est pas toute digérée sur place et qu'elle achève de l'être sur les points où son poids la fait glisser. Dans ce dernier cas, il est même à présumer que la digestion proprement dite s'accompagne d'une putréfaction ultérieure qui n'est plus un phénomène vital. Le fait est plus probable encore pour ce qui touche aux substances végétales qui, d'après Darwin, subiraient en quelque mesure l'action digestive du suc sécrété par la feuille, si bien que la *pinguicula* serait à la fois *herbivore* et carnivore. Nul doute que ces débris végétaux n'échappent en grande partie à la digestion foliaire et ne se réduisent dans le sol à l'état d'humus, de terreau, matériaux de la sève brute dont les plantes font la base de leur alimentation ordinaire. Ainsi les pinguicula, quant à leur régime mixte, feraient le passage aux népenthes et aux sarraceniées. Mais, avant d'aborder ces dernières plantes, il faut s'arrêter quelques instants à des genres de la famille même des pinguicula qui vont nous montrer le modèle de pièges creux fonctionnant à la façon des souricières quand ils sont à l'air, et de nasses à poissons quand ils sont plongés dans l'eau ou dans un sol très humide.

Le premier de ces genres et le plus connu est celui des utriculaires. Répandu presque dans le monde entier, ce genre compte en Europe des espèces aquatiques, dont les fleurs jaunes, bizarres de forme et délicates de texture, émergent du miroir liquide, tandis que les organes végétatifs constituent sous l'eau un lacis de filaments enchevêtrés. De petites vésicules translucides, attachées aux fines découpures de chaque feuille, ont paru longtemps jouer, chez des plantes submergées et sans racines, le rôle d'appareils de flottaison : pure illusion du raisonnement, que l'observation a dissipée le jour où l'on a vu ces vésicules être habituellement remplies d'eau, et se révéler comme des engins de capture pour les animalcules dont fourmillent les eaux stagnantes. On ne saurait décrire ici la structure compliquée de ces petits appareils. L'orifice étroit qui en constitue l'entrée est défendu au dehors par des filaments raides et divergents, qui forment des espèces de chevaux de frise, opposant un obstacle aux insectes trop volumineux qui voudraient forcer l'entrée de la place. La pièce principale de l'engin est une sorte de clapet qui s'ouvre du dehors en dedans, comme une trappe libre pour l'entrée, mais obstinément close à la sortie : c'est une porte de prison refermée sur d'imprudentes bestioles, condamnées à la mort lente sans espoir de retour à la liberté.

Les victimes ordinaires de cette prison perpétuelle sont des crustacés lilliputiens (cyclopes, daphnies, cypris, etc.) ou de petites larves d'insectes. Toutes ne se laissent pas prendre dès l'abord : il en est qui semblent se méfier, qui rôdent autour de l'entrée fatale, hésitent, reculent, puis se lancent tête baissée dans la nasse, dont la valvule cède brusquement, se soulève et retombe derrière le prisonnier. Mme Treat, qui décrit au long ces petits manèges, a vu même des larves allongées pénétrer lentement dans l'orifice, comme si la vésicule les avalait à la façon d'un serpent de petite taille engloutissant peu à peu une grenouille plus grosse que lui. Aucune irritabilité spéciale ne semble animer la valve du piège. Les poils glanduleux dont elle est couverte ne sont ni sécréteurs ni motiles. Ils n'ont donc rien de commun quant à leurs fonctions avec les tentacules du drosera ; ils rappelleraient davantage les poils glanduleux et sécréteurs des grassettes, mais rien ne prouve qu'ils versent dans le liquide des vésicules une liqueur susceptible d'altérer la vitalité des animalcules captifs. Ceux-ci pourtant meurent assez vite, après quelques jours de confinement, pendant lesquels ils ont tourné et retourné dans l'étroit espace de leur prison. D'où vient que leurs cadavres sont fréquents dans les vésicules ? d'où vient qu'on les trouve souvent à l'état d'informes détritus ? Mme Treat verrait volontiers dans la vésicule un estomac qui digère. Darwin conserve de grands doutes à cet égard, parce qu'il a vu de la chair et du blanc d'œuf durci rester trois jours et demi inaltérés dans l'espace où meurent les animalcules. Ceux-ci, pense-t-il, périraient plutôt d'asphyxie, pour avoir consommé complètement l'oxygène de l'eau qui remplit leur étroite geôle. Il admet pourtant que quelque ferment spécial puisse hâter la décomposition de leurs cadavres, de même que le suc du papayer, arbre très connu dans les régions chaudes, attendrit d'abord, puis altère rapidement les viandes qu'on soumet à son action. Nous touchons là, on le voit, à cette limite vague où divers modes de nutrition semblent se combiner et se confondre.

Parmi les utriculaires des contrées intertropicales, il en est qui, vivant dans la terre ou la mousse humide, possèdent néanmoins des vésicules sur les organes souterrains qui leur tiennent lieu de racines. L'espèce étudiée par Darwin, la jolie *utricularia montana* des Antilles, présente de plus cette particularité curieuse, de porter sur les divisions capillaires de ses rhizomes des tubercules qui, au lieu d'être, comme à l'ordinaire, des réservoirs de nourriture, sont plutôt des réservoirs d'eau contre la soif à venir. Dépourvues de fécule, mais très gorgées de liquide, leurs cellules semblent partager ce rôle de citernes souterraines avec les vésicules elles-mêmes, qui sont remplies d'eau comme celles des utriculaires flottantes. Leur proie ordinaire consiste en animalcules terrestres, notamment en mites ou acariens. Plus compliqués encore sont les appareils vésiculaires des *genlisea*, autre genre d'utriculariées des tropiques, si compliqués même que nous renonçons à les décrire, renvoyant à l'ouvrage de Darwin pour ces détails dans lesquels éclate l'art infini de l'adaptation des moyens au but. Il est temps d'ailleurs de sortir de ces minuties microscopiques : d'autres genres vont nous présenter sous des proportions relativement grandioses ces appareils de chasse aux insectes.

V. — LES NÉPENTHÈS ET LES SARRACÉNIÉES.

Les plantes que les botanistes appellent *népenthes* n'ont rien de commun avec le népenthès d'Homère, ce produit magique de l'Égypte qui chassait la mélancolie et les chagrins. Ce sont des herbes grimpantes, à tige ligneuse, répandues dans les régions chaudes de l'Inde, de l'Australie et des Seychelles. Les feuilles présentent la composition la plus étrange : elles se terminent par des urnes élégantes qui sont à la fois des pièges creux, des réservoirs d'eau et probablement des appareils de digestion. Chez quelques espèces, les urnes sont de deux sortes : celles d'en bas, plus ventrues, portées sur des pédicules raccourcis, reposent à terre comme alourdies par leur contenu liquide ; les autres, plus allongées, balancées au bout de longs pédicules tordus en vrille, semblent chasser au gibier de l'air comme les premières au gibier terrestre. Dans les deux cas, ce gibier consiste en animalcules d'ordre inférieur, insectes, araignées, etc., mais les dimensions de quelques urnes sont telles, qu'un oiseau et même un mammifère de petite taille pourraient s'y prendre et s'y noyer. Pour compléter la ressemblance avec une amphore, il ne manque rien à cet appareil, pas même un couvercle à charnière, qui tantôt se rabat sur l'orifice, tantôt se relève à demi, et plus rarement se réfléchit en arrière comme pour découvrir l'entrée de l'urne. Dans ce dernier, le couvercle, n'ayant point à servir d'appât, est dépourvu de toute glande à nectar ; presque toujours au contraire des glandes nombreuses, couvrant la face interne du couvercle, y versent un fluide sucré qui sert de leurre aux insectes et les attire à l'entrée du gouffre béant. L'entrée elle-même, par un raffinement de séduction, est à la fois *attractive* et *conduc-*

trice : elle forme un bourrelet épaissi, humecté par une liqueur douceâtre, et dont le bord roulé en dedans s'infléchit comme l'entonnoir d'une souricière ou se découpe en pointes crochues assez fortes pour retenir au besoin un oiseau qui serait prisonnier dans l'urne. Celle-ci présente à sa face interne deux zones distinctes : en haut, la zone lisse et sans glandes d'où d'insecte se précipite faute d'y trouver un point d'appui, — plus bas, la zone aquifère où des milliers de petites glandes versent une eau limpide, à saveur peu accusée, mais à réaction manifestement acide. Le nom de *distillatoria*, donné par Linné au népenthes des Seychelles, implique l'idée assez juste que ce liquide est en effet un produit de sécrétion auquel la pluie et la rosée ne peuvent se joindre que d'une manière accidentelle. Une fois vidée, l'urne ne renouvelle son eau que lentement et dans des proportions assez faibles. Il s'en reforme néanmoins, même chez des urnes prises dans les serres et séparées de la feuille. L'introduction de matières inorganiques dans ce fluide n'en augmente pas sensiblement la production ; au contraire, un surcroît d'activité chez les glandes se manifeste lorsqu'on plonge dans le réservoir des matières animales. C'est là un premier indice des propriétés digestives du liquide, indice dont la portée s'accuse plus nettement par son influence sur la chair musculaire et le blanc d'œuf durci qu'il attaque lentement, mais en reproduisant à un degré moindre les faits signalés chez le drosera. En somme néanmoins, la puissance digestive des népenthes est déjà singulièrement réduite en comparaison de celle des droséracées ; nous allons voir maintenant cette faculté s'affaiblir encore, disparaître presque dans le dernier terme de cette série de végétaux insectivores.

Le type par excellence de la famille des sarracéniées, le sarracenia de Linné, fut dédié par Tournefort sous le nom de *sarracena* au médecin botaniste Sarrazin, qui lui en envoya de Québec l'espèce la plus connue. Ce sont des herbes sans tige apparente, habitant comme les drosera les terrains humides et tourbeux, et dont les feuilles, groupées en touffes, constituent des cornets insensiblement atténués à leur base, largement ouverts au sommet, avec l'orifice tronqué du côté antérieur, mais relevé au côté externe en une languette oblique, continue au cornet lui-même au lieu de former comme chez l'urne des népenthes un vrai couvercle à charnière. C'est donc par une erreur manifeste que le célèbre botaniste

Jules-Émile Planchon

Morison parle de l'appendice en question comme d'un opercule articulé, susceptible de s'abaisser ou de se relever suivant les cas. Renchérissant sur cette hypothèse finaliste, Linné et ses disciples en vinrent à croire que le prétendu couvercle se rabaissait en temps sec pour soustraire à l'évaporation l'eau contenue dans le cornet, provision préparée par la nature pour étancher la soif des oiseaux : *præbet aquam sitientibus aviculis*, avait dit le maître, et sur cette parole s'était formée la légende qui faisait du sarracenia comme une source bienfaisante où les animaux pouvaient s'abreuver. Mieux placé pour l'observation, puisqu'il habitait aux lieux mêmes où croissent ces plantes, l'auteur d'un magnifique ouvrage sur l'histoire naturelle de la Caroline, Catesby, n'avait pas mieux interprété le rôle de ces réservoirs ; il supposait naïvement que des insectes pouvaient y trouver asile et refuge contre leurs ennemis. Singulier refuge que celui dans lequel les cadavres des insectes s'accumulent par centaines, englobant les victimes encore vivantes dans un mélange infect et grouillant où la mort se respire avec les gaz délétères et prend sa forme la plus repoussante, comme pour accuser l'impassible cruauté des lois naturelles, qui détruisent sans cesse ce qu'elles ont fait vivre un jour.

En dehors de toute hypothèse et de tout raisonnement fantaisiste, un fait se détachait pourtant avec évidence : c'est que le liquide contenu dans ces réservoirs était, au moins en partie, le produit d'une sécrétion. Que chez des espèces à cornets ventrus, largement ouverts, la pluie intervienne pour augmenter cette provision, c'est ce qu'on pourrait aisément admettre pour le *sarracenia purpurea*, dont les cornets rebondis s'étalent en rosette sur le sol, et pour les *sarracenia flava*, etc., dont les cornets longs et dressés ont leur opercule vertical à côté de leur orifice béant. Mais chez la curieuse espèce à cornets dressés, qui s'appelle *variolaris* (à cause des moucheterures de ces organes), l'appendice operculaire, toujours rabattu sur l'orifice, ferme l'accès à l'eau de la pluie : le liquide du réservoir n'a donc là qu'une origine interne et vitale. Aussi est-ce d'après cette espèce que des notions plus exactes sur la fonction des cornets ont commencé à se faire jour dans la science : notions bien confuses d'abord, et qui, même de nos jours renferment encore une large part d'incertitudes et d'inconnu.

C'est en 1791 que l'un des vénérables pionniers de la flore des

États-Unis, John Bartram, décrivant le fluide du *sarracenia vario-laris*, émit sous toutes réserves l'idée que ce fluide pourrait bien allécher perfidement les insectes par une saveur sucrée et finalement en dissoudre les cadavres au profit de l'alimentation de la plante. La part d'erreur dans cette hypothèse, c'est l'idée que le liquide servirait d'appât. On sait aujourd'hui que l'appareil de tentation par la gourmandise réside ailleurs dans des glandes spéciales. Quant au liquide lui-même, sécrété dans le bas du cornet par d'autres glandes, les observations récentes d'un botaniste américain, le docteur Mellichamp, ne laissent guère de doute sur le fait brut qu'il aurait sur les insectes vivants une action d'abord anesthésique (ou comme stupéfiante), puis sur leurs cadavres, aussi bien que sur la viande, une activité particulière provoquant une rapide décomposition putride. Des mouches jetée dans l'eau pure en échappent facilement parce que leurs ailes ne se mouillent que d'une manière très imparfaite : les mêmes insectes restent noyés dans la liqueur un peu mucilagineuse du *sarracenia variolaris*. Ils y deviennent comme morts après une demi-minute d'immersion, sauf à reprendre vie en une demi-heure ou une heure lorsqu'on les a soustraits à ce bain forcé d'un instant. Du fait qu'une altération putride suit rapidement l'action du liquide sur les matières azotées, le docteur Mellichamp conclut que ce fluide n'est pas vraiment digestif à la manière des sécrétions des droséracées. Le docteur Hooker, en rapportant cette opinion, l'accepte dans une certaine mesure, avouant l'ignorance absolue de la science sur la manière dont les produits de cette décomposition seraient absorbés par les feuilles et suivraient pour la nutrition de la plante une autre voie que celle des racines. En tout cas, une accumulation si grande de matières animales ne saurait que profiter à la plante en lui donnant au moins sous forme d'engrais l'azote qu'elle réclame pour son développement. Même réduits à ce rôle possible de simples récolteurs d'engrais azotés, les cornets des *sarracenia* n'en sont pas moins d'admirables engins de capture, avec tous les raffinements de séduction, d'impulsion, de chute et de noyade que comportent ces appareils perfides. La séduction commence à longue distance de l'entrée du gouffre : car les glandes à liqueur sucrée n'occupent pas seulement l'orifice du cornet, mais encore les deux côtés d'une membrane étendue en forme d'aile tout le long de la face de cet organe. C'est en suivant au dehors ce double sentier enduit de nectar que les insectes arrivent à l'entrée de la cavité : plus bas, à l'intérieur, s'étend une zone veloutée dont les papilles coniques défléchies du haut vers le bas se font tapis moelleux pour l'insecte qui descend, mais deviennent pointes de cilice pour l'imprudent qui voudrait rebrousser chemin ; plus bas encore, la surface est glanduleuse, humide, lisse et glissante, c'est la zone où l'insecte perd pied, chancelle et se précipite ; enfin dans le fond même du gouffre où l'eau se rassemble, des soies longues, raides et défléchies convergent ou s'entre-croisent, opposant aux malheureux noyés qui se débattent un obstacle qui les ramène de plus en plus au fond de l'abîme.

La proie ordinaire des *sarracenia* consiste en insectes de divers ordres, fourmis, mouches, grillons, papillons, etc. Toute cette légion de coureurs, de sauteurs, de voltigeurs, cède à l'attrait qui les conduit à la mort. Quelques privilégiés néanmoins trouvent à côté des victimes le moyen de vivre en sécurité juste au-dessus de l'abîme ou même en pleine infection dans le gouffre. Résumons à cet égard, et pour la curiosité du fait, les observations précises et détaillées du savant entomologiste Charles Riley. À l'entrée même des cornets du *sarracenia variolaris*, la chenille frétillante d'un petit papillon semblable aux teignes rapproche les bords de l'orifice au moyen d'un réseau de fils, sauvant ainsi de la destruction les petits insectes que perdrait leur gourmandise. En même temps, elle dévore le tissu même du cornet, mais en ayant soin d'en respecter l'épiderme et toute la partie inférieure. C'est donc un hôte qui dévore sa maison en en ménageant les fondements. L'autre parasite est un diptère, très voisin de notre mouche grise de la viande. À l'état parfait, c'est-à-dire de mouche ailée, la femelle pénètre impunément dans le cornet et dépose dans la masse putride du fond des larves voraces dont la plus forte mange les autres, lorsque les cadavres d'insectes viennent à manquer à son appétit inassouvi. Cet hôte immonde est donc un intrus qui vole à la plante une partie de sa nourriture, et ne travaille que pour lui-même dans le combat de la vie.

Après cette esquisse rapide de la digestion par les feuilles, on se demande si les phénomènes de ce genre sont enfermés dans le cercle étroit de quelques plantes, ou bien si l'observation ultérieure pourrait en faire retrouver au moins la trace chez des végétaux où rien d'insolite ne semble la révéler. Quelques expériences de Darwin sur des saxifrages, des primevères et d'autres plantes à poils glanduleux, des observations de M. le docteur Édouard Heckel sur la manière dont les feuilles des géraniums et les glandes florales de la parnassie attaquent et ramollissent la viande crue, l'action exercée dans le même sens par les feuilles du papayer, voilà des indices bien vagues encore sur un sujet à peine effleuré, mais qui réserve peut-être aux chercheurs de curieuses découvertes. En général, dans les sciences, il ne faut pas prononcer vite le mot « impossible. » Combien de surprises n'attendent pas encore ceux qui savent sortir des sentiers battus et suivre des pistes nouvelles ! Qui présumait par exemple, avant que l'expérience l'eût démontré, que l'absorption de matériaux nutritifs pût se faire directement chez l'homme lui-même par le tissu cellulaire sous-cutané, au lieu de suivre le chemin banal des voies digestives ? À son tour, la nutrition chez les plantes comporte bien des nuances ou des types différents. Il y a d'abord la forme la plus ordinaire, absorption de sève brute par les racines, élaboration de cette sève par les parties vertes aériennes ; puis viennent les végétaux dits *saprophytes* ou *humivores*, qui, nourris par un humus très riche en matières organiques à demi décomposées, n'ont qu'une respiration peu active et prennent souvent l'apparence de parasites dépourvus de chlorophylle ; ensuite viennent les divers degrés du parasitisme, où des sucs élaborés par une nourrice étrangère passent à peu près tout formés dans la plante qui les suce ; à ces groupes de plantes anomales dans leur nutrition, il faudra joindre désormais les *carnivores* caractérisées comme les droséracées et les grassettes ; puis le groupe encore mal défini qu'on pourrait nommer provisoirement des *putrivores*. On distinguerait ainsi ces dévoreuses de détritus animaux plus ou moins décomposés des vraies mangeuses de chair qui digèrent une proie. Par ces dernières se resserre de plus en plus le lien qui relie l'une à l'autre les deux formes animale et végétale de la nature organique. Ainsi se dégage de l'observation des détails la grande loi d'unité qui fait de l'univers, du cosmos, le type même de l'ordre et de l'harmonie et comme l'expression vivante d'une intelligence suprême.

ISBN : 978-1544190686

Jules-Émile Planchon

www.ingramcontent.com/pod-product-compliance
Lightning Source LLC
Chambersburg PA
CBHW072025280526
45788CB00007B/2677